Come Avviare un'Attività Redditizia di Trading con €500

Heikin Ashi Trader

Sommario

1. Come Diventare un Trader con soli € 500 a Disposizione? 3
2. Come Acquisire Buone Abitudini di Trading? 12
3. Come Diventare un Trader Disciplinato 23
4. La Fiaba dell'interesse composto 33
5. Come fare Trading su un Conto da €500? 39
6. Social Trading 51
7. Parlate con il Vostro Broker 59
8. Come Diventare un Trader professionista? 68
9. Trading per un Hedge Fund 74
10. Imparate a fare rete 76
11. Diventare un Trader Professionista in Sette Passi 79
12. € 500 sono un sacco di soldi 81

   Glossario 84

   Altri libri di Heikin Ashi Trader 88

   Sull'Autore 92

   Stampa 93

1. Come Diventare un Trader con soli € 500 a Disposizione?

La maggior parte dei nuovi operatori inizia con un piccolo conto. La somma può essere diversa, ma quasi tutti i trader desiderano aumentare il loro piccolo capitale al più presto possibile. Questa necessità è naturale e comprensibile, ma la voglia di fare così in fretta è il seme per il fallimento futuro. Sia che inizino con € 500 o € 1000, la maggior parte dei principianti si sente come un "piccolo pesce nel mercato azionario." E tutti vogliono cambiare il più rapidamente possibile.

Questi trader credono che l'unico modo per arrivare ad avere un conto corposo sia cercare di moltiplicare il loro piccolo conto in fretta. Perché allora, se diventerà abbastanza grande, essi potranno ritirarsi dal loro lavoro abituale per dedicarsi esclusivamente al trading. Quindi cominciano a cercare strategie di trading che promettono loro il massimo rendimento possibile. Nonostante queste strategie di solito siano associate a rischi elevati, questi operatori si ostinano ad ignorarne i pericoli, buttandosi a capofitto nell'avventura del trading.

Il risultato è che la maggior parte di questi conti da € 500 non esiste più dopo circa 3 fino a un massimo di 6 mesi. Le statistiche dimostrano che questo è il risultato più probabile. Se si inizia a fare trading con la necessità di aumentare il proprio conto in fretta, si incanalerà tutta la propria energia ed attenzione verso questo. Ciò significa che non sarà possibile mettere a fuoco le proprie energie su ciò che si dovrebbe fare prima: diventare un buon trader e, quindi, acquisire buone abitudini di trading.

Anche se si ha accesso a fondi più consistenti, vorrei sconsigliarvi di trasferire questi fondi in un conto di trading. D'altronde siete all'inizio della vostra carriera nel trading e certamente non siete ancora in grado di gestire in modo efficace e responsabile un buon capitale.

In primo luogo è bene imparare a fare trading su di un piccolo conto. Se avete solo € 500 o anche meno per il trading, io lo considero come un vantaggio piuttosto che uno svantaggio. Capisco il desiderio di fare soldi in fretta fin troppo bene, dato che anche io avevo questo desiderio quando ho iniziato. Questa esigenza mi ha portato a concentrarmi sul moltiplicare il mio piccolo capitale velocemente, piuttosto che imparare bene il mestiere.

Certo, € 500 non vi porteranno lontano. Tuttavia, è importante imparare ad apprezzare anche questa piccola somma e affrontare il trading in modo responsabile, come fareste se aveste a disposizione una cifra di € 500.000. Irresponsabile è, naturalmente, l'utilizzo della leva sproporzionata che la maggior parte dei broker, purtroppo, rende disponibile. Con € 500 si può effettivamente fare trading per € 50.000 con molti forex broker, ma questo non significa che sia corretto farlo.

Nella mia esperienza, la maggior parte dei principianti utilizza una leva troppo alta sul mercato (overleveraging). Ad esempio, ho fatto trading con più di € 200.000 di capitale con solo € 2000 sul mio conto. Questo comporta ovviamente molto stress e un sacco di adrenalina. Mentre alcuni individui sono specificamente alla ricerca di queste emozioni, si tratta di una tecnica di trading ben poco professionale.

Il risultato è che questi "trader" mantengono le posizioni di perdita troppo a lungo, nella speranza che il mercato faccia un'inversione per poter raggiungere almeno un pareggio. C'è un video su internet di un noto trader che portato la sua posizione fino a € -30.000. Non riusciva a credere che il mercato non avesse seguito la sua analisi ed è andato allegramente contro la sua posizione. Il suo risultato rappresenta l'apoteosi di un approccio completamente non professionale. Non diventerete certo operatori professionali comportandovi in questo modo.

Inoltre, la maggior parte dei principianti ha idee esagerate in merito a come ottenere un buon rendimento nel mercato. Sicuramente potreste ottenere il 50% al mese, anche di più. Tuttavia, questo comporterà l'assunzione di rischi elevati (cioè overleveraging) per raggiungere il vostro obiettivo. Alla fine, la leva lavorerà contro di voi. Questo avviene di solito per effetto di un trade catastrofico, come nel video di cui sopra, che ha distrutto l'intero conto del trader in poche ore. Parlo per esperienza personale.

Dimenticatevi l'idea di trasformare € 500 in € 50.000 o anche solo in € 5.000 in un breve periodo. Esistono molti metodi più sicuri e tranquilli per far crescere il vostro denaro che funzionano perfettamente con € 500 all'inizio. In primo luogo, occorre abbassare le aspettative di rendimento. Invece del 50% in un mese, meglio mirare ad un'ipotesi di rendimento annuo del 20%. Se riuscirete ad ottenerlo, sarete bravi.

So che probabilmente deluderò alcuni lettori quando dico che ottenere un 1% fino a un 2% di rendimento al mese rappresenta una prestazione al top. Tuttavia, sono davvero buoni risultati soprattutto quando si raggiunge questa performance ogni mese su base continua.

Forse avrete l'impressione che si possano guadagnare € 1000 al mese con un conto di € 1000. Mi dispiace deludervi, ma questi risultati sono possibili solo mediante l'assunzione di rischi estremi. La possibilità di riuscirci mese dopo mese tende a zero. Toglietevelo dalla testa! Non funzionerà, e se questo libro può liberarvi da questa illusione, il mio lavoro è già arrivato quasi a metà.

Vorrei sottolineare che ci sono alternative a queste aspettative esagerate, molto più interessanti e più semplici. È possibile realizzare il vostro sogno di ottenere un grande conto un giorno, ma il percorso è probabilmente diverso da quanto si possa immaginare. Onestamente, vorrei che qualcuno mi avesse avvisato all'inizio della mia carriera nel trading. Mi avrebbe risparmiato molti anni di inutili tentativi, cercando di moltiplicare un mini conto utilizzando i futures. Naturalmente, si potrebbe ottenere una buona esperienza operando in questo modo. Tuttavia, io questa esperienza posso trasmettervela.

Chi sono io? Sono un trader con oltre 15 anni di esperienza sul mercato, che ha assistito a tutte le vicissitudini che possono verificarsi durante lo svolgimento di un'attività di trading. Ho operato per un hedge fund nel forex trading, così come per un conto gestito. Conosco questo settore ed i suoi trucchi molto bene. Ho più volte assistito al piccolo dramma di un trader agli inizi, instradando il suo intero conto di trading sulla strada giusta e l'ho fatto io stesso più volte. So quello che sembra e come ci si sente.

Il problema non è il denaro. La perdita di € 500 si può superare. Intanto avete maturato esperienza. Non ha funzionato, ma non è un dramma. Ci sono anche persone che iniziano con un conto da € 50.000, o anche da €500.000, e anche questi conti spesso non esistono più dopo 3 o 6 mesi.

Pertanto, è evidente che non è la quantità di capitale in gioco il problema. Non importa se si inizia con € 500 o € 50.000. Se qualcosa non funziona nell'attività di trading, non importa quanti soldi avete a disposizione. Il desiderio di aumentare il capitale di partenza rapidamente sembra portare esattamente al contrario. Questo vale per almeno il 95% dei principianti. Devo confessare che questa è una delle statistiche più tristi che io conosca.

Immaginate se il 95% degli apprendisti in un forno fallisse nel proprio lavoro perché la cottura del pane è troppo difficile. In realtà ciò non accade mai, perché la cottura del pane è una professione che si può imparare, a condizione di essere disposti ad alzarsi presto e a seguire le istruzioni del Mastro Panettiere.

Dichiaro con la presente che il trading ed il trading sulle valute non sono professioni più difficili del fornaio. Tuttavia, il presupposto è che il nuovo operatore sia disposto ad alzarsi presto (anche se non così presto come un apprendista fornaio) e seguire le istruzioni del "Mastro Panettiere".

Per quanto riguarda il trading, la prima cosa di cui prendere atto sono le istruzioni del Mastro Panettiere. Purtroppo, a volte questo non accade ed ecco probabilmente la ragione principale per cui le statistiche sono così disastrose quando si parla di successo nel trading. Ed è ancora peggio. Non solo non vengono seguite le indicazioni del Mastro Panettiere ma il "Mastro Panettiere" semplicemente non c'è. Molti operatori agli inizi si trovano seduti da soli nella loro stanza di fronte allo schermo del computer pronti a scatenarsi sul mercato come meglio credono.

Questo libro quindi vi fornirà le istruzioni del "Mastro Panettiere". Spetta a voi, cari lettori, prendere nota o meno. Almeno il "Mastro Panettiere" avrà fatto il suo dovere.

2. Come Acquisire Buone Abitudini di Trading?

Non importa se iniziate la vostra carriera nel trading con € 500 o € 50.000: in questo libro voglio spiegarvi perché. Il trading è una professione, e deve essere appresa come qualsiasi altro lavoro. È necessario prima impararne le "basi". Come per apprendere la professione del fornaio, il modo migliore di imparare sarebbe quello di commettere i tipici errori da principianti mentre si stanno ancora cuocendo piccoli panini. Lo stesso si può dire per il trading: meglio fare i vostri errori da recluta con il più piccolo conto possibile.

So che un intero gruppo di operatori professionali si alzerà e griderà forte che non ha senso. Ma io ve lo consiglio comunque. Naturalmente, potreste provare le vostre strategie su un conto demo (un conto con denaro virtuale a disposizione del gioco). Tuttavia, non indugiate troppo a lungo in questa fase. Il trading vero e proprio inizia solo quando il denaro vero è coinvolto, anche se l'importo è di piccole dimensioni.

Voglio mostrarvi due percorsi che potreste intraprendere come trader. Entrambi hanno pro e contro (come tutto il resto nella vita), ma si tratta di due percorsi reali che vi permetteranno, un giorno, di vivere grazie al vostro trading. Questi percorsi sono aperti anche a quei trader che hanno a disposizione solo una piccola somma, € 500 o anche meno. Anche se non riuscite ad immaginare ora come sarebbe avere un gran bel conto di trading, abbiate fede. Potreste ottenerlo.

Il primo percorso prevede di rimanere un operatore privato. Questo significa che costruirete la vostra attività di trading con il vostro stesso denaro. Come questo sia possibile e quali condizioni devono essere soddisfatte, verrà spiegato nella prima parte del libro (capitoli 2-6).

Nella seconda parte (capitoli 7-11), vi suggerirò altri modi in cui potreste diventare un operatore professionale. Un professionista è un trader che opera con i fondi della clientela e con questo si guadagna da vivere. Si tratta di un percorso diverso rispetto al primo e richiede, in una certa misura, una preparazione diversa.

Tuttavia, entrambi i percorsi richiedono una cosa importante: il vostro sforzo nel primo periodo si concentrerà sull'acquisizione di buone abitudini di trading, piuttosto che sul cercare moltiplicare un piccolo conto in fretta. Senza buone abitudini di trading non sarete mai operatori di successo: né operatori privati che vivono grazie ai risultati di trading, né professionisti che vivono delle commissioni dei clienti.

Queste sono le fondamenta del trading. Le buone abitudini in questo campo sono come le basi del vostro futuro nel trading. Tutta la vostra forza e la concentrazione in principio dovrebbero mirare prima a diventare un buon operatore. Di conseguenza, i soldi seguiranno.

Dovreste quindi partire da questo punto di vista cruciale (e più professionale) prima di iniziare questa professione. Quando si ha una visione errata di questo mestiere, le possibilità di successo restano basse, quindi, ci si trova a percorrere una strada ripida e irta di pericoli, come è successo a me.

Io stesso, naturalmente, pensavo di saperne di più e che l'apprendistato dal fornaio fosse un passo superfluo. Voglio mostrarvi le tre più importanti buone abitudini per un trader con un piccolo esperimento. In questo modo, saprete in cosa vi state imbarcando prima di pensare di intraprendere questa professione.

In primo luogo, vi consiglio di effettuare 50 compravendite con coppie forex, o, se avete un conto forex, con indici azionari.

Queste sono le specifiche:

1. Scegliete una qualsiasi coppia di valute.

2. Gettate una moneta. Se ottenete testa, andate long. Se ottenete un numero, andate short.

3. Inserite immediatamente un trailing stop a 20 pips di distanza dal prezzo di entrata.

4. Se la posizione dopo 5 minuti è ancora in perdita, chiudetela e passate al trade successivo.

5. Se la posizione dopo 5 minuti è in profitto, non fate nulla. Lasciate che il trailing stop faccia il suo lavoro.

6. Dovreste avere in esecuzione contemporaneamente solo tre trade, su tre coppie diverse.

7. Ripetete questo processo prima di aver completato tutti i 50 trade.

Il lettore più attento potrà riconoscere nascoste in questo esperimento le tre più importanti buone abitudini di trading. Vi consiglio di provare ad effettuare questo esperimento. Sarete stupiti dai risultati, se rispetterete rigorosamente le regole.

Pertanto, abbiamo già analizzato la prima abitudine. Un buon trader rispetta le regole, senza eccezioni. Anche se sembra semplice, più del 95% dei trader non lo fa.

L'esperimento può apparire insignificante per alcuni lettori, dal momento che non si presta attenzione all'analisi dei grafici, e quindi non si perde tempo con l'ingresso dei trade. Inoltre, il motivo per cui viene eseguito un trade risulta essere completamente irrilevante. In ultimo, ho anche lasciato alla sorte la possibilità di scegliere, attraverso il lancio della moneta se andare long o short, come se l'entrata fosse qualcosa di completamente irrilevante.

Vi sono, tuttavia, chiare linee guida in merito alle regole di uscita. In altre parole, un trader che svolge questo "esperimento" sta facendo tutto il possibile per ridurre al minimo le perdite. La regola dei 5 minuti svolge un ruolo particolarmente importante. Ancora una volta, questa è una buona abitudine dei trader di successo.

Se un trade non funziona dopo un breve periodo di tempo o non va nella giusta direzione, non vi è alcun motivo per portarlo avanti. Può sembrare una regola rigorosa, e lo è. I buoni operatori sono impazienti con le loro perdite e le chiudono rapidamente, senza esitazioni.

Questa è una regola d'oro della professione del trading, vale a dire che la conservazione del capitale è di primaria importanza. Tuttavia, in questo modo si riuscirà forse anche a proteggere un capitale ancora più importante: la psiche del trader.

Portare avanti i trade in perdita distrugge, nel corso del tempo, la psiche e porta il trader a qualcosa noto come la "paralisi dell'analisi". Si comincia a cercare inutilmente gli ingressi "ideali", anche se tutti sanno che non esistono.

Sia che vi troviate al momento giusto al posto giusto nel trade, o no. Se no, allora uscire dall'operazione non appena possibile.

Tuttavia, il trailing stop in questo esperimento fa qualcosa di diverso. Esso fa in modo che voi restiate il più a lungo possibile in una posizione in cui il trade è in profitto. Ancora una volta, questa è una buona abitudine di trading: restare con i vincenti! Se riuscirete a farlo, vi differenzierete dal 95% degli operatori. Idealmente, il trading dovrebbe essere in funzione fino a Venerdì pomeriggio. Tuttavia, non è probabile, perché il trailing stop viene raggiunto alla fine.

Tuttavia, è un esercizio importante: non prendete troppi guadagni iniziali, se siete in profitto, ma cercate di ottenere il massimo dal trade. Questo segue le due affermazioni più importanti della regola d'oro del trading: taglia le perdite e lascia scorrere i profitti. Il 95% dei trader fa esattamente il contrario.

Posso ben immaginare che sarà difficile chiudere un trade che è solo leggermente in perdita dopo 5 minuti. Fatelo comunque. Conosco bene anche l'obiezione: "Ma il trade potrebbe entrare in territorio positivo nel prossimo minuto e poi potrei mancare un profitto!". Sì, potrebbe accadere e probabilmente accadrà varie volte; è parte dell'esistenza del trader.

La probabilità più alta, tuttavia, è che questo trade non sia vincente ma che prosegua nella perdita. Ecco perché vi consiglio di chiudere la posizione comunque e passare al trade successivo. Quando avrete imparato questa disciplina, avrete acquisito un'abitudine importante: non importa cosa succede, non potrete più tollerare le perdite...

Per quanto riguarda le entrate, non vorrei essere frainteso. Naturalmente, si può provare con l'analisi accurata dei grafici a selezionare le voci il più accuratamente possibile. Ma in ogni caso vorrei cogliere l'occasione per esprimere un chiaro avvertimento che proviene dalla mia esperienza: l'importanza dell'analisi è fortemente sovrastimata. A mio avviso, i trader passano troppo tempo ad analizzare i grafici. Non è poi tanto diverso dal cercare di predire il futuro.

D'altro canto, invece, essi spendono troppo poco tempo a controllare la propria gestione del rischio, che è di solito la causa principale del loro fallimento. In questo libro quindi, non intendo promuovere il trailing stop. Questo strumento ha sicuramente alcuni vantaggi, ma ha anche degli svantaggi, di cui sono bene a conoscenza. Con il trailing stop, i trade vengono spesso fermati troppo presto dal contro-movimento casuale, anche se il trend resta intatto e non vi è alcun motivo per uscire del trade.

L'esperimento è quello di lasciare che il trailing stop decida quando vengono realizzati i guadagni. In alcuni casi, sarà certamente troppo presto. Tuttavia, questo strumento permetterà talvolta di tenere la posizione per lungo tempo. Anche questa è una buona abitudine. Grazie a questo esperimento, si imparano molte buone abitudini per un operatore professionale. Imparerete a seguire le regole per chiudere le perdite in modo rapido e rimanere il più a lungo possibile con i vostri trade vincenti.

Credetemi: non avete bisogno di molto di più. Se acquisirete queste abitudini, apparterrete al 5% degli operatori che ha successo nel mercato.

Questo esperimento può essere ripetuto a volontà. Perché, come tutti sappiamo, le abitudini sono una delle cose più difficili da cambiare. Provate a smettere di fumare, se siete fumatori. Ci sono trader che sono stati trascinati dalle cattive abitudini per anni, e poi si sono chiesti per quale motivo non hanno avuto successo. Tra loro ci sono anche i cosiddetti professionisti. Non pensate che tutti i "professionisti" riescano a mantenere le buone abitudini; solo quelli di successo ci riescono. Con queste basi, vorrei ora mostrarvi due modi per diventare trader disciplinati, anche se disponete di una base di capitale basso.

3. Come Diventare un Trader Disciplinato

Dopo aver chiarito che i principi di base sono gli stessi per tutti gli operatori, che possiedano € 500 o più di € 500.000, vorrei suggerirvi come riuscire a guadagnarvi da vivere grazie al trading senza giocare d'azzardo con le vostre vite. Come già accennato, la maggior parte dei principianti ha un'idea completamente sbagliata in merito a ciò che può guadagnare in borsa. Gli operatori esperti e disciplinati generano dal 20 al 30% dei profitti all'anno. Negli anni buoni, si può arrivare a 40 o 50%. Ciò significa che questi operatori creano guadagni mensili del 2-3%.

Questi guadagni si ottengono con una gestione del rischio ragionevole. Le perdite massime (drawdowns) di solito rimangono al di sotto del 15%. Se avrete l'occasione di operare su un conto di diverse centinaia di migliaia di euro, avrete, spero, un appropriato profilo di rischio.

Ora veniamo al vostro account di € 500. Spero che vi siate resi conto che non si può vivere con questa somma. Tuttavia, ciò che si potrebbe essere in grado di fare è, proprio come i professionisti, ottenere un bel rendimento annuo del 20 o 30% guadagnando con perdite massime che rimangono al di sotto del 15%. In questo modo, dimostrerete a voi stessi che è possibile fare trading: è la cosa migliore che possa capitarvi.

Per un conto da € 500, solo il mercato forex è un'opzione realistica. Pertanto, cercate un broker forex che non addebiti alcuna commissione per le transazioni. Molti professionisti hanno concluso che, semplicemente dal punto di vista matematico, non è possibile operare su di un conto da € 500, perché le sole tasse rischiano di prosciugare il conto. Non si può nemmeno parlare di un approccio di gestione del rischio ragionevole.

A titolo di esempio, voglio citare un trade su EUR / USD con un mini lotto (€ 10.000). Questa è stato, fino a poco tempo fa, la più piccola unità possibile da utilizzare nel trading per la maggior parte dei broker. Se si imposta uno stop di 50 pip di distanza dal prezzo di entrata, si rischiano 50 pip o € 50. Con € 500, si tratta del 10% del vostro capitale di trading! Se perderete in questo modo 5 volte di fila, cosa non rara, avrete già perso la metà del vostro capitale. Se rischiate il 10% del vostro capitale per il trade, non siete trader: siete piloti kamikaze.

La critica a questi mini conti consiste essenzialmente in due argomenti: in primo luogo, è possibile utilizzare solo una strategia per volta. Pertanto, si è completamente dipendenti dai risultati di questa strategia. Non si può diversificare. In secondo luogo, non si può ottenere una ragionevole gestione del rischio avendo a disposizione solamente una piccola somma, come questo esempio su EUR / USD mostra chiaramente.

È una fortuna che alcuni broker abbiano avuto questa intuizione, e stiano attualmente offrendo i loro micro lotti ai clienti. Si tratta solo di 1/10 di un mini lotto. Pertanto, si potrà operare con solo € 1000.

Nello stesso esempio, si rischierebbe solo € 5 o l'1% del capitale. Questa somma è molto più vicina a una gestione del rischio ragionevole per gli operatori privati, anche se io personalmente ritengo che l'1% di rischio sia ancora troppo.

Potrebbe non sembrare eccitante fare trading con € 500 in modo disciplinato per forse 12 mesi e di conseguenza ottenere un profitto del 20%, o € 100 in più sul conto. Tuttavia, questo è esattamente ciò che si dovrebbe fare. Bisogna imparare a operare su un conto del genere come se si trattasse di un conto da un milione di euro. A tale scopo, vi consiglio di tenere un diario di trading dettagliato che registri tutte le vostre operazioni con esattezza. Inoltre, è utile fare valutazioni statistiche settimanali o mensili.

Ho spiegato ampiamente come procedere nel mio libro, "Come valuto i miei risultati di trading?" reperibile su Amazon. Il vostro compito, quindi, è quello di mettere a punto e applicare una strategia disciplinata nel mercato selezionato per almeno un anno. Ricordate che ho detto una strategia e non sette.

Molti principianti iniziano con una strategia. Se poi arrivano le prime perdite, si sentono delusi, scartano la strategia e cercano qualcosa di nuovo. Quindi il ciclo ricomincia dall'inizio. Questo comportamento non è conforme alle buone abitudini di un buon trader!

Pertanto, occorre rimanere coerenti con la strategia prescelta, non importa cosa succede. La ragione è semplice. Se non si ha mai operato seguendo una strategia per un anno, non si riuscirà mai ad apprendere questa strategia nel profondo. Ogni strategia ha le sue fasi di perdita. Non importa quale si sceglie, fintanto che resta redditizia.

Solo questo vi costringerà ad applicare una grande disciplina. Se si sostituisce più volte la propria strategia, non si impara a conoscere se stessi come trader. Questo è il punto, quindi, aderite alla vostra scelta, una volta effettuata. Inoltre, dovreste tenere un diario dettagliato di trading. Con questo intendo un elenco completo dei vostri trade. Tale giornale dovrebbe contenere almeno i seguenti dati:

- Data di entrata: vale a dire la data in cui è stata aperta la posizione

- Nome della coppia forex

- Prezzo di entrata: il prezzo al quale avete acquistato (long) o venduto (short)

- Stop Loss: il rischio che avete affrontato in questo trade

- Take Profit: l'obiettivo che volevate raggiungere con il vostro trade

- Dimensione Posizione: quanti micro lotti avete comprato

- Data di uscita: vale a dire la data in cui è stata chiusa la posizione

- Pr / Pe (Profitto / Perdita) in pips: quanti pip avete guadagnato

È possibile aggiungere anche altri dati, ma questi sono sicuramente i più importanti.

Perché farlo? Se si raccolgono costantemente questi dati da tutte le operazioni si otterrà una ricchezza di informazioni sul proprio operato che varrà più di tutti i libri di trading insieme. Potreste scoprire di riuscire meglio a vendere short piuttosto che andare long. Se così fosse, non sarebbe ragionevole specializzarsi esclusivamente nelle vendite short? Sapete che alcuni trader sono specializzati esclusivamente in vendite short e non vanno mai long? Lo fanno perché si sono resi conto, sulla base dei loro dati, che andare short è la cosa migliore per loro. Io, per esempio, sono un buon venditore short ed un pessimo trader long. Si potrebbe notare che la maggior parte delle perdite avvengono in una particolare coppia di forex. Io stesso non sono un granché con GBP / USD. Ecco perché evito questa coppia la maggior parte del tempo.

Invece, sono abile coi franchi svizzeri, e anche con USD / CAD. Lo so grazie al mio diario di trading. Sono o non sono informazioni preziose?

Alla fine della settimana (o mese), bisognerebbe valutare i dati di trading. Ho parlato in dettaglio anche di questo nel mio libro "Lo Scalping è Divertente! Parte 3: Come valutare i risultati del trading?".

Ecco le cifre chiave per le statistiche:

- Numero di transazioni per settimana / mese / trimestre

- Numero di trade vincenti

- Numero di trade perdenti

- Numero di trade in pareggio

- Vincita media

- Perdita media

- Tasso di Successo (il vostro numero di vincite in percentuale)

- Rapporto di Payoff (redditizio o meno e in che modo?)

- Aspettativa (aspettativa del vostro sistema)

Le informazioni statistiche che si possono trovare sul diario di trading sono forse ancora più preziose rispetto ai dati di trading in sé. Essi mostrano quanto sia forte il vostro sistema. Inoltre, tale valutazione mostra anche dove fare un cambiamento per rendere il sistema più redditizio. Potreste subire troppe perdite e quindi tentare di impostare lo stop loss più vicino o più lontano.

Forse volete sempre vincere (tasso di successo), e non prestate attenzione alla quantità dei profitti. Il trader la cui carriera descrivo in dettaglio nel mio libro sulla gestione del denaro ha appunto avuto questo problema. Mantenere costantemente un diario di trading fa parte delle buone abitudini di trading. Fatelo fin dall'inizio della vostra carriera, anche se partite solamente da un conto di € 500.

4. La Fiaba dell'interesse composto

Prima di passare all'argomento successivo, analizziamo qualcosa che ossessiona molte persone sui forum in Internet, cioè la fiaba dell'interesse composto, altresì detta "La più grande forza della terra". È quasi troppo bello per essere vero, e molti trader credono in realtà che sia possibile far crescere il proprio piccolo conto fino ad uno di ragguardevoli dimensioni in un breve periodo grazie all'effetto dell'interesse composto.

L'effetto dell'interesse composto funziona più o meno così: diciamo, per semplicità, che si disponga di un capitale di trading di € 1000. Il vostro (non immodesto) obiettivo è quello di guadagnare 10 pips al giorno in media nel mercato valutario.

Funziona così: Il giorno 1, ottenete 10 pips e quindi avete € 1010 sul conto. Il secondo giorno, fate di nuovo 10 pips. Ora, disponete di € 1020. Dopo 20 giorni, sarete orgogliosi di avere € 1220 sul conto. Dopo tutto, si tratta del 22% durante il primo mese!

Quindi saranno necessari 70 giorni per raddoppiare il vostro conto. Avrete quindi € 2000 sul conto a condizione di aver guadagnato 10 pips al giorno in media e di non aver effettuato nessun prelievo.

Dal momento che il capitale "cresce" ogni mese, è possibile naturalmente rischiare "un po'" di più ogni mese. Aumenterete quindi le dimensioni della vostra posizione con il crescente equilibrio. Nel primo mese, starete ancora operando con un mini lotto (€ 10.000). Dal momento che dopo un mese avrete un conto da € 1200, aumenterete la vostra posizione a € 12.000. Dopo due mesi, starete operando con 17.000 €, e così via.

Forse non sarete molto colpiti da queste cifre. L'idea è che se si esegue questa operazione mese dopo mese in modo coerente, si finirà per comprendere la potenza dell'interesse composto. Se opererete in modo disciplinato, il vostro conto di trading arriverà dopo 12 mesi a € 24.000. Se lo farete per un altro anno, potreste arrivare a € 500,000.

Quindi è necessario "solo" fare trading per tre mesi per diventare trader milionari. Intendiamoci, con 10 pips al giorno! Comodo, non è vero? Potete controllare i calcoli, ma è vero. Si può diventare milionari nel Forex con "soli" 10 pips al giorno entro 3 anni.

So che molti principianti restano impressionati da questa storia dell'interesse composto quando la sentono per la prima volta. Non è necessario essere un genio della matematica per comprendere un semplice calcolo. La segreta speranza di molti trader principianti è quella di essere in grado di raggiungere questo capolavoro grazie alle proprie capacità di trading. Se si riuscirete, fatemi uno squillo, sareste probabilmente i primi al mondo.

Perché quasi nessuno riesce a metterlo in pratica? Teoricamente, il calcolo è corretto, e certamente non vuol dire che l'effetto dell'interesse composto non funzioni. Funziona in modo sicuro e, in linea di principio, ogni trader opera con una sorta di effetto dell'interesse composto.

Probabilmente avrete indovinato qual è il problema. In questo calcolo, ci sono alcune "incognite" che non sono state prese in considerazione. Queste incognite sono quello che ci vuole. Ha molto a che fare con le buone o cattive abitudini di trading di cui abbiamo già parlato.

Se inizialmente avete lavorato duro sulle vostre buone abitudini di trading, esiste certamente la possibilità che si verifichi una qualche forma di effetto dell'interesse composto. Tuttavia, dite addio all'illusione che si possa fare trading e ottenere una media di 10 pips al giorno, o, se vogliamo, 50 pips a settimana, per quanto sia ciò a cui tutti aspiriamo.

La realtà è più simile a questo: in alcune settimane, otterrete forse 36 o 128 pips. Tuttavia, potreste incappare in una perdita di 92 pips la settimana seguente. Inoltre, la settimana seguente potreste non essere in grado di lavorare perché sarete a letto con l'influenza.

Godrete di giorni o settimane positive, dove otterrete buoni risultati e anche di settimane pessime e negative.

Il progresso?

Un trader che lavora sulle proprie debolezze (e sui punti di forza) saprà sicuramente fare progressi, anche se non arriveranno immediatamente. A volte si ha la sensazione che non accada nulla per un lungo periodo di tempo, e poi improvvisamente avviene una svolta e si lavora molto meglio di prima. Molti trader hanno bisogno di sperimentare i momenti di distruzione del loro primo conto da € 500, e spesso anche del secondo. Non è necessario vergognarsi. Mi è capitato più volte di azzerare conti anche più piccoli, naturalmente a causa di una mancanza di disciplina.

Dopo una tale debacle, è bene prendere una pausa e pensare alla propria strategia di trading. Non credereste mai quanto si lavori meglio dopo una pausa del genere!

Con l'aumento della fiducia, potreste riuscire ad aumentare in modo significativo un piccolo conto. Dovreste aspettare almeno di raddoppiare il vostro conto prima di trasferire ulteriore denaro sul vostro conto di trading. Ricordate ciò che abbiamo detto nella prima parte sulle buone abitudini di trading.

5. Come fare Trading su un Conto da €500?

Inizierete ad operare su un piccolo conto con estrema cautela. Naturalmente, a seconda della vostra strategia, rischierete 50, 20, o 10 pips per trade. L'esercizio consiste principalmente nel tentare di preservare il capitale. Se riuscirete, allora avrete già fatto il primo importante passo verso il successo. Naturalmente, il conto crescerà molto più lentamente in questo modo. Tuttavia, non dimenticate: il vostro obiettivo non dovrebbe essere quello di aumentare il vostro conto da € 500 al più presto possibile.

Per il momento, dovreste utilizzare questa somma per imparare a fare trading. Ciò significa, in primo luogo, ottenere un rendimento regolare con un rischio gestibile. Guadagni del 2% fino al 3% al mese sono già eccezionali, soprattutto quando il rischio (perdita massima) rimane al di sotto del 10%. Per saperne di più leggete il capitolo sul trading professionale.

L'idea di accrescere un mini conto da € 500 in virtù dell'interesse composto fino a € 1.000.000 o anche € 100.000 è un'idea totalmente folle. È improbabile avere successo, e l'obiettivo vi sopraffarà. Ancora una volta vi assumerete una quantità eccessiva di rischio al fine di raggiungere l'obiettivo. Vedete come funziona?

In primo luogo, dovete imparare bene il vostro lavoro. Se possibile, cercate di non pensare al denaro. Come ho già detto, un 2-3% al mese è già un buon risultato. Considerate questo: il 2% su un conto di € 500 è € 10. Cerchiamo di essere onesti. Lavorare con disciplina per un mese intero per € 10? Di certo non vi arricchirete dal punto di vista finanziario. Spero che comprendiate l'assurdità di questa idea. Basta dirvi addio per cominciare a guadagnare soldi dal vostro piccolo capitale.

Non è, quindi, del tutto inutile fare trading con un conto di 500 €?

No, non lo è. Imparate il vostro mestiere partendo da una piccola somma. Se sarete in grado di accrescere il conto nel corso del tempo senza assumervi grossi rischi, avrete dimostrato a voi stessi che potete fare trading. Questa professione ha bisogno di tempo per essere appresa. Un anno e mezzo è un breve periodo di tempo. Come regola generale, la curva di apprendimento della maggior parte dei trader è decisamente più lunga.

Occorre quindi fare una considerazione: non cercate di arricchirvi con un solo conto da € 500. Il periodo di prova serve solo per imparare il mestiere.

Esiste anche un secondo approccio che potrebbe essere altrettanto valido. Alcuni trader con un piccolo conto si sono pongono l'obiettivo di guadagnare una media di € 10 al giorno. Sembra un obiettivo gestibile, non è vero?

Si potrebbe dire "€ 10 al giorno? Stai scherzando? È un gioco da ragazzi!" Forse. Tuttavia, si possono ottenere € 10 al giorno senza rischiare più di € 10 tutti i giorni? Si tratta di un obiettivo di denaro, non necessariamente di 10 pips. Quindi, non iniziate a dire "Ho bisogno di guadagnare € 200 al giorno, in modo da poter ricavare € 4000 dal mio conto di trading durante il mese."

In realtà € 4000 rappresentano solitamente la somma di cui la gente ha bisogno al mese al fine di pagare le bollette. In altre parole, hanno bisogno di questo denaro. Pertanto, bisogna avere successo per raggiungere questo obiettivo. Lo riuscite a vedere? Non lo fanno per gioia o perché vogliono imparare qualcosa. Lo fanno perché devono. Inoltre, se non riescono, arrivano i problemi seri.

A causa di questo, gli operatori si mettono sotto una pressione non necessaria. Le conseguenze sono spesso l'overtrading, l'assunzione di troppi rischi, o il trading con leva troppo elevata. Penso che abbiate già il sospetto in merito a che cosa succederà dopo. Chi è sotto pressione non ne uscirà più alla fine. Questo è esattamente ciò che accade quando si sente parlare di una perdita spettacolare nel mercato azionario. Io stesso sono caduto più volte in questa trappola, e vi posso dire che quelli non erano certo i miei giorni più gloriosi.

I trader che d'altra parte vogliono operare per soli € 10 in media al giorno, si sono probabilmente posti un obiettivo realizzabile. Essi, inoltre, non subiscono la pressione dovuta al fatto di doversi guadagnarsi da vivere con il trading. € 10 al giorno in un indice azionario o in un paio di coppie Forex rappresentano una cifra fattibile. In questo caso, il trader potrebbe raggiungere il suo obiettivo con regolarità. Così, egli stesso si sarà condizionato al successo che presto vedrà la luce, senza sforzi straordinari.

€ 10 al giorno come obiettivo quotidiano rappresentano, in 20 giorni di trading, € 200 al mese. Che potrebbe non sembrare una grande somma di denaro, ma sapete quanti soldi (con i bassi tassi d'interesse di oggi) bisogna avere di questi tempi nel conto per ottenere degli interessi di € 200? Prendiamo un semplice conto del mercato monetario con scadenza a 3 mesi. Bisognerebbe avere circa € 1 milione!

Pertanto, se si potessero "guadagnare" € 10 sul mercato azionario su base giornaliera, sarebbe come avere 1 milione nel conto. Non è certo un obiettivo modesto.

È certo che un trader che può vantare questo "successo" troverà, dopo un po', modi e mezzi per fare trading con somme più grandi con la stessa facilità. Ce la farà.

Certo, con un supplemento di € 200 al mese non sarà possibile cambiare la vostra situazione finanziaria in modo significativo. Tuttavia, è essenziale cominciare a raccogliere un profitto. Non potete immaginare come si senta importante e bravo un trader se ha completato un mese positivo. Ha la sensazione di aver raggiunto qualcosa, ed è vero. Questo è importante da sottolineare, perché per le persone che non sono attive sul mercato azionario, € 200 sono, naturalmente, una somma ridicola. Non si alzerebbero mai la mattina per un obiettivo del genere. Per voi, invece, sarà la prova di aver completato il vostro apprendistato nella panetteria del trading con successo. Avrete acquisito buone abitudini di trading, e questo è proprio ciò che conta.

C'è un altro motivo per cui io non sono un grande fan di un rigoroso effetto di capitalizzazione: premiatevi di tanto in tanto. I trader più abili lo fanno. Se per esempio avete operato con disciplina e ottenuto un bel profitto per la settimana, prendete una parte di quel guadagno dal vostro conto e fateci qualcosa di bello. Forse una serata al cinema con la persona amata? La cosa importante è che venga percepita come una ricompensa. Segnalate al vostro subconscio, "Ben fatto! Continua in questo modo!". Ne vale la pena.

Nessuno lascia tutto il denaro disponibile sul conto di trading da € 500 fino a 1 milione. Non è necessario ed è un'idea completamente folle. L'effetto degli interessi composti si verifica ad un certo punto, ma spesso in modo diverso da quella che ci si aspetterebbe. Ogni operatore è differente ed ha una diversa capitalizzazione e diverse risorse (non solo di denaro, ma anche di tempo). A volte si ha la sensazione che si possa andare veloce, ma si potrebbe anche incappare in periodi in cui la vostra strategia non funziona così bene.

Molti trader vogliono semplicemente prendersi delle pause di pochi mesi dopo una serie di sconfitte. Alcuni tornano dopo un anno con nuove idee. Hanno forse frequentato alcuni seminari o semplicemente hanno letto un buon libro che gli ha suggerito una prospettiva completamente nuova in borsa. Così, cominciano con rinnovato vigore.

Quindi, vedete: la curva di apprendimento non è regolare come si potrebbe pensare. Ci sono fratture, rotture e interruzioni. Il successo in sé non è lineare. Ci sono momenti in cui si ha la sensazione che non si potrà mai imparare, e poi c'è improvvisamente una svolta. Un piccolo cambiamento nelle abitudini di trading o uno spunto da un professionista esperto. Si apprende in onde, e le onde vanno avanti e indietro di tanto in tanto. Se poi si è in grado di generare rendimenti regolari, allora si potrebbe iniziare a pensare al trading con grandi somme. Da qui, ci sono due possibilità.

Si può decidere di diventare un operatore professionale e fare trading con i soldi dei clienti. Vi dirò come fare nel capitolo 8. In alternativa, si può decidere di rimanere un privato, forse fare trading solo part-time e proseguire il proprio lavoro di giorno. Qualunque cosa decidiate, cercate di far funzionare il vostro trading come un business. Anche se la vostra attività produce ancora pochi soldi e state operando con una piccola somma, provate a fare trading come se aveste a disposizione un capitale di € 1 milione. Questa professione dipende fortemente dall'atteggiamento interiore. Il più seriamente lo farete, prima le porte si spalancheranno per voi offrendovi la possibilità di realizzare i vostri sogni.

Se avete preso sul serio il percorso per diventare un buon trader, si verificheranno avvenimenti che prima non ritenevate possibili. Potrebbero venire da voi persone che vi offrono denaro per fare trading. Se dovete o meno accettare questo denaro è un altro discorso. Dovreste decidere solo dopo attenta valutazione. Ha molto a che fare con la serietà di cui ho parlato in precedenza. Finché non sarete un trader disciplinato che conosce bene il suo lavoro, in nessun caso dovreste gestire il denaro proveniente da altre persone. Spero di essermi spiegato bene.

Può persino succedere che un hedge fund vi contatti. Mi è successo una volta. Questo fondo era in difficoltà e urgentemente alla ricerca di un trader che potesse generare almeno un po' di ritorno positivo per i loro clienti. Non funzionava nient'altro. Ho iniziato a fare trading e presto ho ottenuto dei buoni guadagni per il fondo. Tuttavia, la direzione a quanto pare non aveva imparato la lezione. Tutti i problemi erano sorti a causa dei sistemi di trading automatici che il fondo aveva utilizzato inizialmente, riuscendo solo a bruciare denaro.

Pertanto, arrivai la mattina e cominciai a fare trading con successo, ma la gestione era apparentemente così convinta dei propri sistemi di trading automatici che decise di lanciarli ancora una volta durante la notte. Il risultato fu che i guadagni che avevo ottenuto durante la giornata furono distrutti durante la notte dai robot. Si può immaginare una situazione più assurda? Credetemi: anche con i cosiddetti professionisti, a volte si va in tilt. I talenti sono sempre molto ricercati. Ora capite perché dovreste prima imparare a operare in modo disciplinato? Queste persone sanno anche che non avete € 5 milioni a disposizione per il trading. Se questo fosse il vostro caso, non saresti probabilmente interessati al lavoro.

Potrebbe capitare che improvvisamente entriate in possesso di un po' di denaro oppure che abbiate a disposizione un po' di risparmi mai utilizzati per il trading. Quando vi sentirete pronti e avrete la sensazione di poter operare in modo responsabile con questo denaro, allora potrete osare.

Fatemi un favore, però: non mettere l'intera somma nel vostro conto di trading. Probabilmente lo farete comunque, ma almeno io vi ho avvisato.

Questo è il caso più comune. La maggior parte dei trader che conosco fanno trading con il proprio denaro, ed è una buona cosa. Gestire i soldi di altre persone aumenta lo stress considerevolmente. Si può far fronte a questo e ottenere buone prestazioni in ogni caso?

Forse erediterete una somma di denaro un giorno. Anche questo è naturalmente possibile. Dovreste accettare denaro da parenti? Francamente, vi consiglio di non farlo. Se qualcuno vi dà i soldi e dice: "Non mi importa se si bruciano o crescono", allora potreste pensare di accettare il denaro. Ma nella mia esperienza, la maggior parte dei parenti non pronuncia mai quella frase. La maggior parte ha piuttosto un occhio critico verso la vostra "nuova attività" da trader, oppure vi da i soldi con delle aspettative. Fate attenzione, perché non si sa se sarete in grado di soddisfare queste aspettative.

6. Social Trading

Una buona alternativa per i trader sottocapitalizzati è il Social Trading. L'ho sperimentato io stesso e posso tranquillamente consigliarlo ad un trader molto ambizioso. Alcuni di questi siti stanno lavorando in modo molto professionale e molto più trasparente rispetto a qualsiasi fondo di investimento o di gestione patrimoniale. Qui, negli ultimi anni, è sorta una piccola rivoluzione nel campo della gestione del denaro e spero che questa "democratizzazione" della gestione possa continuare il suo sviluppo in modo che molte persone su questo pianeta possano trarne beneficio.

È proprio qui che le buone abitudini e il trading disciplinato sono molto richiesti. Tutti i vostri trade e le loro valutazioni statistiche sono totalmente trasparenti e disponibili al mondo intero. Riuscite a immaginarlo: voi fate trading e il mondo intero vi guarda? Tuttavia, questo sta accadendo davvero con il social trading.

Le piattaforme di social trading non sono altro che siti web che riuniscono i trader e gli investitori potenziali. Gli investitori hanno i soldi ed i trader hanno (si spera) la capacità di moltiplicarli. Ci sono ovviamente delle classifiche e l'investitore può scegliere i suoi trader, forse grazie allo stile di trading. O altrimenti, sceglie a causa del comportamento disciplinato dell'operatore, come il trader guadagna, e il basso livello di rischio. Almeno, gli investitori intelligenti lo fanno.

Inoltre, i gestori professionali guardano ora al social trading e valutano se investirvi una parte dei depositi della clientela. Non è forse incredibile? È sicuramente una fantastica opportunità per un trader ambizioso! Ora, capite perché dovreste prima imparare a fare trading in modo responsabile e disciplinato con il vostro account da €500? Se riuscite a farlo, allora potrete iniziare a operare su una delle piattaforme di Social Trading con la coscienza pulita.

Essa vi fornirà un conto con "denaro fittizio", che potrete utilizzare per il trading. Se i risultati sono buoni, e riuscirete ad ottenere una serie di buoni risultati (dopo pochi mesi), potreste ottenere presto i vostri primi clienti e quindi guadagnare soldi. I modelli di guadagno sono diversi, quindi dateci un'occhiata, perché essi determinano quanti soldi potrete guadagnare con il vostro trading.

Ora, vogliamo osservare il modello di compensazione di una piattaforma di social trading più in dettaglio. Di solito funziona con uno o più broker. Questi broker sono comunemente chiamati Introducing Broker. Cioè, il loro compito è collegare i clienti ad un cosiddetto broker principale, che è il posto in cui il regolamento delle transazioni in titoli ha effettivamente luogo. Si tratta generalmente di istituti ben noti come JP Morgan, Credit Suisse, Deutsche Bank, ecc...

La maggior parte degli Introducing broker nel trading al dettaglio ha quindi una connessione ad un broker principale. Essi non sono interessati a piccoli conti. Il broker di presentazione

(Introducing) svolge questo compito. Queste compagnie sono familiari alla maggior parte degli investitori al dettaglio. Ora, guardiamo l'intera catena alimentare di una piattaforma di Social Trading:

1. Broker Principali (Prime Broker)

2. Broker di Presentazione (Introducing Broker)

3. Gestione Investimenti

4. Piattaforma di Social Trading

5. Il Trader

Vedete, molte persone mangiano da questa torta se il trader effettua una transazione. Questo è anche il motivo per cui gli spread nel social trading in genere sono più alti rispetto alla semplice apertura di un conto con Introducing Broker. Aspettatevi uno spread di 2 a 3 pips su EUR / USD, quindi due volte o anche tre volte in più rispetto al solito. Questo è anche il motivo per cui lo scalping puro nel Social Trading non funziona. Non ci sono le condizioni. Troppe persone guadagnano sullo spread.

Tuttavia, se avete sviluppato una strategia giornaliera o di swing trading che genera un buon ritorno, potrete anche guadagnare con questo modello. A seconda del modello, si otterrà un ritorno principalmente da lotti standard pre-generati. In quanto principiante, potreste inizialmente ottenere € 1, una volta generato un lotto standard (100.000 €) di volume di transazioni. Potrebbe non sembrare molto, ma se lo si fa 20 volte al giorno, può diventare un reddito dignitoso.

Se, con un buon trading, si riesce a salire ai livelli superiori, è possibile guadagnare fino a € 5 per lotto. Quando si arriva a questo punto, in generale, si potrà riuscire a vivere grazie al trading. Ovviamente questo successo arriva solo se si è effettivamente in grado di offrire un valore aggiunto (un buon ritorno) ai clienti e se non operi in modo da generare il maggior guadagno possibile sulle commissioni.

Pertanto, fatevi una chiacchierata con uno dei manager di una Piattaforma di Social Trading. Essi saranno in grado di aiutarvi grazie alla loro esperienza e vi indicheranno come bilanciare al meglio il numero di transazioni con il miglior potenziale di guadagno per voi. Le commissioni sono quindi un ottimo modo per guadagnarsi da vivere come professionista. Se alla fine c'è ancora profitto, tanto meglio. Tuttavia, è necessario innanzitutto essere in grado di pagare le bollette e soddisfare le vostre spese. Ciò è particolarmente vero quando le cose non stanno andando così bene con il vostro trading, o se siete stati coinvolti in una perdita massima – drawdown (un periodo in cui si perde più di quanto si guadagna).

Se fate trading solo con il vostro denaro non guadagnerete niente in questo periodo, arrivando ad essere stressati. Tuttavia, se si è connessi a una piattaforma di social trading, continuerete a guadagnare di più sulle operazioni che eseguite. Se i vostri clienti sono stati in precedenza soddisfatti, non scapperanno via appena le cose non funzionano per un po' di tempo, se la perdita si mantiene entro i limiti. Pertanto, se si diventa un social trader "prima", sarà possibile concentrarsi sul proprio lavoro come trader e non ci sarà bisogno di prendersi cura dei clienti. Le cose cambieranno se un giorno decideste di indirizzarvi verso una gestione professionale del risparmio.

Alcuni social trader guadagnano cifre mensili a cinque cifre. Per loro, il sogno di una carriera di successo è già stato realizzato. Il presupposto è, come sempre, un rendimento positivo con rischi gestibili (prevedibili). Ogni piattaforma qui offre gli strumenti necessari per calcolare la gestione dei rischi. È quindi possibile determinare il profilo di rischio prima di iniziare a costruire un track record. Vi consiglio vivamente di pensarci per un po'.

I trader che generano dal 20 al 30% su base annua, con una perdita massima del di 10 al 15% hanno più possibilità rispetto ai trader che raggiungono un guadagno del 70% ma con un rischio del 45%. La ragione è semplice: di solito i piccoli investitori sono attratti dai rendimenti elevati. L'investitore al dettaglio pensa che elevato ritorno = rapido apprezzamento del capitale. Se vi mettete su questa strada vi posso assicurare che i vostri clienti scapperanno via più velocemente di quanto si possa pensare se si verifica una perdita.

Al contrario, il professionista guarda sempre e solo al rischio. La sua preoccupazione è: "Quanto posso aspettarmi di perdere al massimo quando i clienti affidano i fondi al trader? È logico o no? "La conseguenza è che il trader con la gestione del rischio più restrittiva riceverà i conti più grandi. Conti più grandi significano più capitale per il trading. Più capitale significa una quota maggiore di commissioni per voi come trader.

7. Parlate con il Vostro Broker

Se per qualsiasi motivo non vi piace il Social Trading, naturalmente ci sono un sacco di altri modi per arrivare ai fondi dei clienti. Uno dei metodi più diretti è quello di parlare con il broker. Questa persona o gruppo di persone ha contatti con molte persone che possiedono denaro: è il lavoro del broker. Se volete provare a gestire il denaro dei clienti con un sistema di trading o una strategia, dovreste considerare di interpellare il vostro broker.

Anche se il vostro broker dovrebbe dedicarsi esclusivamente alla clientela retail (clienti privati), potrebbe essere utile parlare con lui, potrebbe avere informazioni utili per voi. Se siete clienti attivi, avrà sempre un orecchio aperto per quello che avete da dire. È meglio prendere un appuntamento o ancora, invitarlo a cena. Sarete stupiti di quello che la gente farà per voi se farete loro un favore.

C'è un altro motivo per cui si dovrebbe parlare con il proprio broker prima di iniziare a fare trading. Se prevedete un giorno di fare trading coi fondi dei clienti, dovete anche essere in grado di dimostrare che potete farlo. Ciò significa che è necessario presentare un track record che viene autenticato in qualche modo. Si chiama anche "costruzione di credibilità." Senza credibilità, potrebbe diventare difficile essere ammesso ad un colloquio.

Una certificazione può naturalmente avvenire in diversi modi. Si può andare da un notaio o si può anche far eseguire un controllo da una delle ditte di contabilità ben note come KPMG e Deloitte. Tuttavia, dubito che otterrete qualcosa di buono con il vostro conto da 500 €. Per non parlare delle enormi spese necessarie a tale verifica.

È molto più facile chiedere al vostro broker, che sta comunque tracciando i vostri trade, di autenticare i risultati in qualche modo. Questa certificazione non è una prova difficile, come farebbe un notaio o un revisore dei conti, ma almeno avrete qualcosa in mano che è stato valutato da terzi. Con questi documenti si può tranquillamente affrontare una gestione delle risorse, anche se potrebbero essere necessari ulteriori test.

Un'altra possibilità per raggiungere l'autenticazione proviene dalla piattaforma myfxbook.com, in caso tracciate i vostri trade con questo sito. Questa piattaforma è ormai molto conosciuta e molti trader hanno costruito qui le basi per un notevole record di realizzazione. Non sottovalutate un eccellente record in una piattaforma di social trading. Potrebbe essere la prova che è possibile fare trading. Il Social trading è un ottimo modo di distinguersi per i trader.

Molti broker hanno una gestione degli asset in-house personale. Fa parte della loro attività, anche se solo in parte. La troverete sotto al termine "conti gestiti." Inoltre, sarete stupiti di quanto speso siano mediocri queste gestioni patrimoniali professionali. Quindi, non lasciatevi intimidire dalle parole "professionale" o "asset management". Dietro quelle parole, si trovano troppo spesso trader che hanno i vostro stessi problemi. Spesso qualche broker ha semplicemente scelto di lasciar andare avanti i conti gestiti, anche sapendo che non era certo un buon metodo.

Perché, si potrebbe chiedere? Finché almeno un cliente partecipa al programma, questo "asset manager" sarà soggetto a commissioni e spese. A causa di questo, il broker farà sempre soldi, non importa quanto successo ottenga nel suo "asset management".

Chi lo sa, forse sarete voi ad infondere nuova vita in questo ramo del vostro broker. Se offrirete una strategia interessante, che si differenzia dalla solita, il broker sarà certamente interessato. Non è difficile. Dopo tutto, siete voi i clienti. Ha una visione completa nella vostra storia di trading. Lui sa esattamente se quello che fate ha un senso oppure no. Aspettatevi anche qui modelli di remunerazione molto diversi. Così come nel social trading il broker probabilmente vi offrirà una quota delle commissioni o dello spread.

Quale percentuale riceverete in quanto trader dipende dalla vostra capacità di trading. Tutto è possibile fino al 50%. Tuttavia, ricordate che siete voi a fare il lavoro e a creare il valore aggiunto. Non svendetevi troppo a buon mercato.

Se il broker non offre conti gestiti, non dovete smettere di cercarne uno. Una semplice ricerca su Google vi aiuterà. Inserite il termine "account gestiti" e potrete scegliere fra diversi asset manager dalla lista. Alcuni di loro saranno altri broker che non conoscete. Altri potrebbero essere asset manager puri senza broker. Queste compagnie (e i loro siti web) possono sembrare molto riservati e discreti. Questo non dovrebbe scoraggiarvi dal contattarli e chiedere le condizioni per gli operatori in ogni caso. La cosa peggiore che vi può accadere è che vi dicano educatamente che non hanno bisogno di nessuno in quel momento.

Tuttavia, non si dovrebbe avere l'aspettativa di essere accolti a braccia aperte. Questi posti di lavoro sono molto richiesti e c'è un sacco di concorrenza. Anche in questo caso, le solite regole si applicano come altrove. Solo i trader disciplinati e dalle buone abitudini hanno una probabilità in più qui per riuscire. Se esiste una "prova sociale" per le vostre abilità nel social trading, si può supporre che i professionisti vi selezionino presso una società di gestione del risparmio. Qui sarà evidente la prova del fatto che abbiate o meno acquisito buone abitudini di trading con il vostro conto iniziale da € 500 e che abbiate imparato a padroneggiare il vostro mestiere. Anche se questo è già un risultato eccellente, e vi distinguerete dal 95% di tutti i trader là fuori, di solito non è sufficiente per agire come trader ad una gestione patrimoniale.

Il risparmio gestito non ha un solo un trader che gestisce i fondi dei clienti, ma più di uno. Negli ultimi anni, ovviamente, i sistemi di trading più automatizzati che non hanno bisogno di pagare l'affitto e non hanno bisogno di assicurazione sanitaria hanno portato avanti gran parte del lavoro. Se un gestore patrimoniale ha la possibilità di scegliere tra un sistema di trading eccellente e un trader mediocre, la scelta è probabilmente molto facile.

In parole povere, questo significa che bisogna offrire qualcosa di speciale. Preferibilmente, qualcosa che non abbiano ancora. Supponiamo di aver messo a punto un sistema di trading giornaliero su EUR / USD basato su supporto e resistenza, che raggiunge buoni risultati con basse perdite. Tuttavia, l'asset management ha già due operatori che operano nel mercato Forex e forse anche un sistema automatico di forex breakout. Quale sarebbe il valore aggiunto per questa azienda?

Quindi, cercate di offrire qualcosa che riesca a sorprendere. C'è una nicchia di trading di cui voi soli disponete di una buona conoscenza? Potrebbe non essere sempre il Forex o i Futures. Forse siete uno specialista in azioni della Mongolia. Le azioni mongole portano ad un ulteriore criterio che è importante e che si dovrebbe comprendere bene prima si avvicinarsi ad un asset management.

Non so esattamente quante azioni mongole esistano e quanto siano capitalizzate. Ma va bene, se siete in grado di operare con queste azioni col vostro conto da € 500 acquistando 50 azioni per volta. Siete anche in grado di utilizzare la vostra strategia acquistando 50.000 azioni in Oulang Bator senza troppo slippage (slippage: il trader ottiene un prezzo leggermente peggiore perché il portafoglio ordini non è abbastanza liquido)?

Dovete essere in grado di rispondere a questa domanda in modo molto chiaro. Quindi, la vera domanda è: "Il vostro trading è scalabile?" Solo allora, l'asset management sarà interessato. Infine, bisogna vendere il prodotto "azioni della Mongolia" ai potenziali clienti.

Vedete, non è così semplice. Il prodotto dovrebbe essere fattibile non solo in gran numero; dovrebbe anche essere comprensibile per un cliente interessato. Se il cliente deve prima imparare il mongolo ... beh, capirete cosa voglio dire.

Ed ecco che si presenta ancora una volta il vantaggio del social trading. Quando si opera nel Social Trading si resta anonimi e non si conoscono i propri clienti; essi non hanno alcun contatto con voi. Non è auspicabile e di solito è meglio concentrarsi totalmente sul proprio trading.

Ma se si passa al lato istituzionale e si offrono conti gestiti, cosa che può accadere anche a voi, dovrete spiegare a un cliente che vuole investire € 250.000 dove si trova la Mongolia sulla mappa e perché è un mercato così interessante. Che questa non sia una conversazione facile … spero che vi sia ben chiaro.

8. Come Diventare un Trader professionista?

La decisione di diventare un operatore professionale non dovrebbe arrivare all'improvviso, ma invece crescere insieme alle vostre capacità e alla vostra fiducia. Tuttavia, non credo che si debbano avere competenze di grandi dimensioni o che si debbano raggiungere anche rendimenti fenomenali per esserne "degni". Nel mondo del risparmio gestito e degli hedge funds sono in vigore leggi completamente diverse rispetto a quelle che prevalgono nel mondo degli investitori privati. È quindi bene essere abbastanza preparati per ciò che vi attende.

Esistono vari sistemi che vi aiuteranno a diventare un operatore professionale. Credetemi, il caso e un po' di fortuna possono contare parecchio. Tuttavia, anche questa carriera può essere programmata ed intrapresa con successo come qualsiasi altra. Una cosa che dovreste sapere fin dall'inizio. Se avete intenzione di fare trading su conti più grandi con i soldi dei clienti, allora dite addio all'idea di utilizzare lo scalping. Lo scalping funziona bene su conti di piccole dimensioni o se si rimane privati. In questo caso, potrete scegliere il proprio broker.

Una volta che si arriva ad una gestione professionale del risparmio, non è possibile scegliere il proprio broker. Quindi, potreste subire condizioni che non sempre vi aggradano. Inoltre, lamentarsi se si ottiene uno spread di due pips su EUR / USD, o se ci si confronta regolarmente con esecuzioni parziali e slippage, non aiuta. In genere non è possibile modificare questi parametri. Quindi, preparatevi a fare trading con una strategia che funziona su periodi più elevati (grafico orario, a quattro ore o grafico quotidiano). Un conto da € 1 milione non è la stessa cosa di un conto da 500 €.

In ogni caso, è sempre una buona idea quella di costruire un buon track record. Questo naturalmente deve avvenire sul conto principale. Provate a operare in modo disciplinato per almeno un anno. Cercate di mantenere una gestione conservativa del rischio. Questo significa che si fa tutto il possibile per garantire che la massima perdita rimanga al di sotto del 10%. Se possibile, anche meno del 5%. Se è possibile generare un rendimento annuo del 12-15%, con perdite inferiori al 5%, è probabile che i professionisti daranno un'attenta occhiata alle vostre statistiche di trading. Un diario di trading conciso, con analisi statistica dettagliata, è essenziale. Se non saprete fornire il vostro rapporto di payoff durante un colloquio, avrete un problema.

Il motivo è molto semplice. Un asset manager, in sostanza, non fa altro che vendere prodotti finanziari. Uno di questi prodotti finanziari potrebbe essere un trader come voi un giorno, con il proprio efficace sistema di trading. Naturalmente, i clienti sono avidi e vogliono il massimo rendimento possibile dai loro fondi. Tuttavia, se si chiede con calma al cliente quanto rischio sarebbe stato disposto a prendere al fine di raggiungere un alto tasso di rendimento, esso diventa un po' più contenuto. Neanche le fluttuazioni eccessive del conto sono molto gradite, ovviamente.

Ecco perché i gestori degli asset sono interessati ai sistemi e ai trader che possono soddisfare tali esigenze. È molto più importante avere una curva di capitale tranquilla. I trader che producono un ritorno "noioso" del 12% l'anno, senza variazioni significative sul loro curva dei guadagni hanno molte più possibilità di ottenere un posto di lavoro rispetto ai tanti highfliers che fanno il 100% all'anno. Gli operatori che riescono ad avere successo per un lungo periodo non sono, di per sé, quelli con i più alti rendimenti. I professionisti di successo lavorano con quasi nessun effetto leva.

La mentalità di un professionista è dunque diversa da quella di un investitore privato. Gli investitori privati vogliono il massimo rendimento possibile. Il professionista è alla ricerca soprattutto del modo in cui raggiungere il guadagno. Se è stato ottenuto con rischi elevati, non sarà probabilmente interessato al vostro prodotto.

Non dimenticate: un professionista deve anche vendere questa strategia! Se la volatilità della curva di capitale è bassa e il trader ha le perdite sotto controllo, un prodotto può essere facilmente venduto ad un cliente benestante. Per inciso, è sempre possibile sfruttare un prodotto così conservatore. Poi, il 12% diventa un 24% annuo, o addirittura un 36%.

Anche se avete il vostro track record, certificato dal vostro broker, non aspettatevi di ottenere immediatamente un conto da € 1 milione. A seconda del gestore dell'asset, vi potrebbe anche essere chiesto di aprire prima un conto presso il broker principale e fare trading con la vostra strategia per 3 mesi. Se otterrete un buon risultato, potreste avere la possibilità di un secondo colloquio. Da qui in poi, potreste ricevere un'offerta per un conto da € 25.000 o € 50.000 per il trading.

Spero che vi rendiate conto che non sarete ancora in grado di guadagnarvi da vivere con questo capitale, dal momento che potrebbe essere necessario almeno un importo di dieci volte superiore per poterlo fare. Tuttavia, potrebbe accadere più velocemente di quanto ve lo aspettiate, se la gestione è soddisfatta delle vostre prestazioni.

Se avete ottenuto abbastanza da fare trading su un conto da € 300.000 in modo disciplinato, allora siete già molto vicini a realizzare il vostro sogno. Ogni società di gestione patrimoniale ha una propria idea di come un nuovo operatore debba essere costruito. Inoltre, non dimenticate la pressione psicologica. Acquistare cinque lotti standard in una coppia di valute è un discorso diverso dal comperare solo cinque mini lotti. Anche questo "ostacolo" dovrà essere superato un giorno, se volete diventare dei professionisti.

9. Trading per un Hedge Fund

Per quanto riguarda gli hedge fund, sarò breve. È possibile ottenere un lavoro presso un hedge fund, ma è sempre più difficile. I più grandi portafogli di trading sono attualmente gestiti principalmente da macchine. Gli hedge fund sono diventati "pignoli" grazie a questo fatto. Certamente non daranno lavoro ad un operatore che non fornisca una performance eccezionale. L'ingresso più difficile è per i trader specializzati nel trading di valuta. Questo processo è ora in gran parte automatizzato.

Inoltre, i regolatori intervengono anche in questo campo. Dopo i recenti scandali intorno alla manipolazione dei tassi di cambio in cui sono state coinvolte alcune grandi banche, le autorità hanno deciso di restringere il trading "discrezionale". Anche se raggiungerete il massimo delle prestazioni nel forex potendolo dimostrare con un record eccezionale, probabilmente sarà difficile arrivare fino a qui. Non è impossibile, ma le probabilità non sono buone.

Aggiungete a ciò il fatto che sarà difficile ottenere un lavoro senza una laurea. Gli hedge fund preferiscono dare lavoro ai laureati con un MBA o un altro master. Inoltre, sempre più trader sono in competizione con un dottorato in statistica o matematica dato che la matematica finanziaria nel settore diventa sempre più importante. Potreste competere con queste persone?

10. Imparate a fare rete

Sarà ormai chiaro che non è sufficiente, come spesso accade nella vita, aver imparato bene il vostro mestiere. Spesso anche solo per avere la possibilità di essere convocati per un colloquio, ci si riduce a contare sulle persone che si conoscono. Posso dire per esperienza personale che in questo settore la maggior parte delle porte si sono aperte per me perché conoscevo questa o quella persona. In entrambi i casi ho avuto una conversazione con loro in una delle numerose fiere finanziarie, o mi sono seduto con un piccolo gruppo, dopo una lezione e ho avuto modo di conoscere alcune persone in questo modo.

Se dovete dire qualcosa di interessante a un trader o a un professionista della finanza, troverete sempre un orecchio aperto. Questo fatto da solo certamente non si tradurrà in un posto di lavoro, ma l'uno o l'altro contatto interessante potrebbe aiutarvi ad ottenerlo. Anche se l'intero settore del trading è sempre più tecnico e informatico, è comunque ancora praticato da persone in carne e ossa. La gente vuole attenzione, vuole essere compresa e apprezzata da altri. Non dimenticatevelo.

Anche on-line, è possibile, naturalmente, iniziare a costruirsi una rete, anche se la mia esperienza in questo è di gran lunga meno efficace rispetto al contattare direttamente qualcuno. Tuttavia, la rete on-line integra i contatti personali e garantisce che le persone che potrebbero un giorno essere interessate siano in grado di tenere un occhio su di voi. Inoltre non è una cattiva idea inviare un contributo interessante di tanto in tanto: potrebbe trattarsi di un'analisi interessante di un titolo o di una coppia di valute. Potrebbe anche essere una visione originale della politica monetaria di una banca centrale. Non è necessario, ma aiuterà ad aumentare la vostra credibilità nel settore.

D'ora in poi, non dovrete più andare su Facebook quando vorrete "esprimere" qualcosa o uscire. Se desiderate ottenere l'accesso al settore finanziario, dovrete avere un profilo aziendale con

LinkedIn. Questa rete è la migliore e la più grande e di solito troverete lì tutte le persone che avete incontrato in occasione di fiere o presentazioni. Anche il vostro broker sicuramente è qui rappresentato, così come molti gestori di hedge fund e asset manager. Quindi, uscite e rimanete in contatto con quelle persone.

Non è certamente sbagliato contattare alcune di queste persone, anche se non siete alla ricerca di un lavoro. Più contatti qualificati si hanno, meglio è. Non si sa mai da quale angolo sbucherà fuori il vostro prossimo passo verso una brillante carriera.

11. Diventare un Trader Professionista in Sette Passi

1. Imparate a fare trading e iniziate con delle buone abitudini di trading. Visitate seminari o workshop. Leggete buoni libri sul trading. Acquisite esperienza.

2. Elaborate una strategia che sia adatta a voi. Può essere qualcosa di semplice, basta che non sia scalping.

3. Scegliete un broker disposto ad autenticare il vostro track record. Se il broker attuale rifiuta o vi dà solo una risposta vaga, continuate a cercare un altro broker.

4. Fate trading per 1 anno con la vostra strategia senza effettuare modifiche. Mantenete una gestione conservativa del rischio. Cercate di mantenere la massima perdita inferiore al 10%. È possibile fare trading giornaliero, ma lavorate con stop che siano più lontani. Operate come se

doveste usare la stessa strategia facilmente anche con € 10 milioni.

5. Avviare il networking immediatamente. Stabilite contatti nel settore. Andate alle fiere del trading. Parlate con gestori di fondi e asset manager. Chiedete quali condizioni sono necessarie ai trader per lavorare per loro.

6. Approcciate una serie di società di asset management con l'obiettivo di fare trading coi fondi dei clienti. Iniziate in piccolo ed ingranditevi.

7. Restate in contatto con gli altri gestori di patrimoni o fondi. Anche se avete un lavoro ora, non si sa se l'avrete ancora l'anno prossimo. Continuate a muovervi.

12. € 500 sono un sacco di soldi

Anche se al giorno d'oggi forse non lo si può neanche immaginare, è possibile diventare un trader con un conto da € 500. Ci sono tonnellate di soldi disponibili in tutto il mondo, che aspettano solo di essere investiti in modo utile, o di crescere. È disponibile più denaro di quanto si possa investire. Non limitatevi. Non perché il denaro non è attualmente disponibile nel vostro conto in banca. Questo potrebbe cambiare. Tuttavia, non fate l'errore di voler trasformare un conto da € 500 in uno da € 5 milioni. Andate avanti, sistematicamente. Imparate prima ad essere un buon trader. Il denaro seguirà alla fine. Non il contrario.

Soprattutto, dovete prima imparare ad apprezzare quello che avete. Se avete € 500 per fare trading, trattateli come se fossero € 500.000. Troppi operatori fanno esattamente l'opposto e sprecano il poco che hanno. Quel piccolo capitale non è poi così piccolo. È esattamente l'importo che si meritano in questo momento. Se tratterete questa somma in modo responsabile, allora l'universo vi ricompenserà fornendovi presto grandi somme. Lasciate agire l'universo come è naturale che proceda. Sapete, è infinito, e non ci sono limiti.

Vi auguro il successo!

Heikin Ashi Trader

Potete contattarmi qui: pdevaere@yahoo.de

Cari lettori,

Se vi è piaciuto questo e-book, allora vi sarei grato se poteste scrivere una bella recensione come clienti su Amazon. Questo aiuterà molto il libro! Se avete qualche critica da farmi, naturalmente potrete esprimerla in libertà. Prendo ogni critica ragionevole sul serio e cerco di migliorare i miei libri grazie a questo. Nessuno è perfetto e si possono sempre imparare cose nuove. Vi ringrazio per l'acquisto di questo libro, e vi auguro ogni successo con le vostre operazioni di borsa.

Glossario

Breakeven: Il punto in cui i guadagni eguagliano le perdite.

Broker: Una società che fa pagare una tassa o una commissione per l'esecuzione di ordini d'acquisto e di vendita inseriti da un investitore.

Interesse composto: L'interesse composto può essere pensato come un "interesse sugli interessi", in grado di far crescere ad un ritmo più veloce un deposito o un prestito rispetto all'interesse semplice, che è l'interesse calcolato solo sul valore nominale.

Trading Giornaliero: Una strategia di trading secondo la quale il trader chiude tutti i trade prima della chiusura del mercato e non detiene posizioni aperte durante la notte.

Conto Demo: Un Conto Demo è tipicamente "finanziato" con soldi simulati, consentendo all'investitore di eseguire trade fittizi al fine di acquisire familiarità con le caratteristiche della piattaforma.

Drawdown: La massima perdita di valore conseguita prima di ritornare al valore iniziale.

Aspettativa: La quantità di guadagno o di perdita di un sistema di trading per euro di rischio.

Forex: Il mercato in cui vengono scambiate le valute.

Coppia Forex: Due valute con tassi di cambio che vengono scambiate nel mercato forex.

Leverage: L'utilizzo di vari strumenti finanziari o di capitale di credito per aumentare il potenziale di rendimento di un investimento.

Lotto: La quantità standard di uno strumento finanziario come indicato da un sistema di scambi o da un organo regolatore simile.

Conti gestiti: Un prodotto di gestione degli investimenti basato sulle commissioni destinato ad individui con elevato patrimonio.

Mini Lotto: Una dimensione della valuta che è 1/10 della dimensione del lotto standard di 100.000 unità.

Rapporto di Payoff: Importo medio vincente del trade in euro diviso per l'importo medio di perdita del trade in euro.

Pip: La più piccola variazione di prezzo che un dato tasso di cambio può effettuare.

Gestione del rischio: Un processo in due fasi, che determina quali rischi esistono in un investimento e come gestire tali rischi nella maniera più adatta a soddisfare obiettivi di investimento degli investitori.

Scalping: Una strategia di trading che tenta di ottenere elevati profitti sulle piccole variazioni di prezzo.

Social Trading: Il processo attraverso il quale gli investitori finanziari on-line operano sulla base dei contenuti generati dagli utenti.

Swing Trading: Uno stile di trading che tenta di catturare guadagni su azioni o sul mercato tra gli uno e i quattro giorni.

Andare Long: L'acquisto di un titolo, come un'azione, materia prima o valuta con l'aspettativa che l'asset aumenterà di valore.

Andare Short: La vendita di un titolo preso in prestito, materie prime o valuta basata sull'aspettativa che l'asset scenderà di valore.

Track Record: La performance passata di un trader considerata complessivamente.

Trailing Stop: Un ordine di chiusura che può essere fissato a una definita percentuale di distanza dal prezzo corrente di mercato.

Volatilità: La quantità di incertezza o rischio circa l'intensità delle variazioni di valore dell'asset.

Altri libri di Heikin Ashi Trader

Come fare scalping sui Futures Mini DAX?

Grazie all'introduzione dei futures Mini-DAX (FDXM) gli operatori privati con i conti più piccoli hanno l'opportunità di fare scalping sull'Indice Tedesco DAX in termini professionali. A differenza di molti altri strumenti di trading, i futures sono il modo più trasparente ed efficace per fare soldi nei mercati finanziari.

Gli scalper hanno opportunità di trading infinitamente maggiori rispetto ai trader di posizione o giornalieri, che costituiscono il vero punto di forza di questo stile di trading. Uno scalper può quindi gestire il suo capitale in modo molto più efficace di tutti gli altri operatori del mercato e, quindi, ottenere rendimenti decisamente maggiori.

Heikin Ashi Trader mostra in questo libro come fare scalping con successo su questo nuovo future DAX. Imparerete come entrare nel mercato, come gestire la vostra posizione e qual è il punto in cui si deve tornare indietro. Inoltre, il libro contiene una vasta gamma di suggerimenti e strumenti per rendere il vostro trading ancora più efficace e preciso.

Sommario

1. EUREX Presenta il Future Mini DAX

2. Il DAX Tedesco, un Mercato Popolare per i Trader Internazionali

3. Vantaggi del Trading sui Futures

4. Il Grafico

5. Cos'è lo Scalping?

6. Qual è il Vantaggio di Essere uno Scalper?

7. Impostazioni di Base dello Scalping Heikin Ashi

8. Strategie di Ingresso

9. Sensibilità ai rientri?

10. Strategie di Uscita

11. Sensibilità agli Obiettivi Multipli

12. Quando fare Scalping sui Future Mini-DAX (e quando non farlo)

13. Strumenti Utili per gli Scalpers

   A. Piazzare Ordini

   B. Aprire e Chiudere Ordini

   C. Gestione gli Ordini Aperti

   D. Il Trailing Stop come Strumento di Massimizzazione del Profitto

14. Vari Ordini-Stop

   A. Il Fix Stop

   B. Il Trailing Stop

   C. Il Linear Stop

   D. Il Time Stop

E. Il Parabolic Stop

F. Ordini Link Stop

G. Stop Multipli e Obiettivi Multipli

15. In Borsa il Denaro si fa con le Strategie di Uscita!

16. Ulteriore Sviluppo dell'Analisi di Mercato

A. Livelli Prezzo Chiave

B. Statistiche in diretta

Epilogo

Glossario

Altri libri di Heikin Ashi Trader

Sull'autore

Sull'Autore

Heikin Ashi Trader è lo pseudonimo di un trader che possiede più di 15 anni di esperienza nel trading giornaliero sui futures e sui mercati esteri. Si è specializzato in scalping e day trading veloce. In aggiunta a questo, ha pubblicato vari libri auto-esplicativi sulle sue attività di trading. Gli argomenti più popolari sono: scalping, swing trading, gestione del denaro e del rischio.

Stampa

Testi: © Copyright by HeikinAshi Trader

Swiss Post Box 106287

Zürcher Strasse 161

CH-8010 Zurigo

Svizzera

Tutti i diritti riservati.

www.ingramcontent.com/pod-product-compliance
Lightning Source LLC
Chambersburg PA
CBHW060402190526
45169CB00002B/719